Analy

Bonjour tristesse

de Françoise Sagan

lePetitLittéraire.fr

Rendez-vous sur lepetitlitteraire.fr et découvrez :

Plus de 1200 analyses
Claires et synthétiques
Téléchargeables en 30 secondes
À imprimer chez soi

FRANÇOISE SAGAN	**1**
BONJOUR TRISTESSE	**3**
RÉSUMÉ	**4**
ÉTUDE DES PERSONNAGES	**8**

Cécile
Raymond
Anne
Cyril
Elsa Mackenbourg

CLÉS DE LECTURE	**12**

Un roman psychologique
La théâtralité dans *Bonjour tristesse*
De l'importance des symboles
Un roman teinté d'existentialisme
La réception de l'œuvre

PISTES DE RÉFLEXION	**25**
POUR ALLER PLUS LOIN	**28**

FRANÇOISE SAGAN

ÉCRIVAINE FRANÇAISE

- **Née en 1935 dans le Lot (France)**
- **Décédée en 2004 à Honfleur (France)**
- **Quelques-unes de ses œuvres :**
    - *Bonjour tristesse* (1954), roman
    - *Il fait beau nuit et jour* (1979), pièce de théâtre
    - *La Maison de Raquel Vega* (1985), nouvelles

Françoise Sagan, de son vrai nom Françoise Quoirez, nait dans le Sud-Ouest de la France en 1935, dans une famille de la grande bourgeoisie. Son premier roman, *Bonjour tristesse*, écrit à 18 ans, la propulse d'emblée sur le devant de la scène littéraire. Elle publie ensuite *Aimez-vous Brahms...* (1959), *Les Merveilleux Nuages* (1961), *Un orage immobile* (1983) et de nombreux autres romans, ainsi qu'une dizaine de pièces de théâtre et une correspondance imaginaire avec Sarah Bernhardt (actrice française, 1844-1923), qui lui assurent un succès jamais démenti. Passionnée de sport automobile et menant une vie parfois dissolue, Françoise Sagan défraie souvent la chronique, et est érigée en symbole de la vie libre et insouciante. Elle meurt à Honfleur en 2004.

Une œuvre jugée scandaleuse

Après avoir lu Bonjour Tristesse, le père de l'auteure demande à sa fille de prendre un nom de plume car il trouve le roman trop scandaleux...

Quelques instants plus tard, dans une œuvre de Proust (1871-1922), Françoise Quoirez rencontre la princesse de Sagan... Le nom de ce personnage lui plaît ! Elle devient, dès lors, Françoise Sagan.

BONJOUR TRISTESSE

UN PARFUM DE SCANDALE

- **Genre :** roman
- **Édition de référence :** *Bonjour tristesse*, Paris, Pocket, 2008, 153 p.
- **1re édition :** 1954
- **Thématiques :** sexualité, complexe d'Œdipe, amour, jalousie, suicide, manipulation

Au printemps 1954, la sortie de *Bonjour Tristesse* (dont le titre est extrait d'un poème de Paul Éluard) provoque un scandale… Pour autant, le roman et sa jeune auteure de 19 ans rencontre un succès immédiat.

Bonjour Tristesse est le récit des vacances de Cécile, la jeune héroïne, dans le Sud de la France. Habituée à la vie facile par son père, les vacances qu'elle passera avec lui et sa maitresse s'annoncent joyeuses. Mais son père a invité une autre femme, Anne Larsen, dont le caractère est bien différent. Sa présence réveillera bientôt les pires instincts de Cécile et cela changera radicalement ses vacances…

La modernité des sujets et la puissance du style ont permis à *Bonjour Tristesse* de recevoir le prix des critiques en 1954. Depuis, son succès ne s'est jamais démenti.

RÉSUMÉ

Cécile est une jeune fille âgée de 17 ans, sortie depuis deux ans du pensionnat, qui vit avec son père, Raymond. Ils mènent une existence assez légère et luxueuse remplie de nombreux flirts et de sorties. Raymond amène souvent à la maison ses nombreuses liaisons pour de brefs séjours.

Pendant les vacances d'été, Cécile s'installe dans une villa au bord de la Méditerranée, avec son père et sa jeune maitresse du moment, Elsa Mackenbourg. Anne Larsen, une ancienne amie de sa mère décédée, les rejoint par la suite. « Elle fréquentait des gens fins, intelligents, discrets, et nous des gens bruyants, assoiffés » (p. 16), explique la jeune fille qui, au début, l'admire. Anne s'éprend rapidement de Raymond et tente par tous les moyens de recevoir son affection et d'évincer Elsa. Elle décide aussi de faire l'éducation de Cécile et de la faire travailler, car celle-ci a raté ses examens en juin. Cela n'est pas du tout du gout de la jeune fille.

Sur la plage, Cécile compare la plastique parfaite d'Anne avec celle d'Elsa, pourtant plus jeune, qui, de plus, ne parvient pas à bronzer. Peu à peu, elle croit remarquer que son père essaie de se rapprocher d'Anne en critiquant, par exemple, la bêtise d'Elsa.

De son côté, Cécile rencontre un jeune voisin, Cyril, étudiant en droit, qu'elle trouve séduisant, alors qu'elle a toujours préféré les hommes plus âgés. Très vite, elle échange, à regret, son premier baiser avec Cyril, qu'elle aurait préféré garder comme camarade. Elle le juge tout de même bien élevé et protecteur, et « pense [qu'elle] aimerai[t] l'aimer » (p. 32).

Un soir, alors qu'ils décident d'aller tous ensemble au casino de Cannes, Anne surpasse tout le monde en beauté et en élégance, et reçoit les compliments de Raymond. Ce dernier s'isole avec elle. Cécile juge cette attitude incorrecte vis-à-vis d'Elsa et se montre grossière. Anne la gifle. Elsa, qui a tout deviné, annonce à la jeune fille qu'elle quitte la villa et qu'elle regrettera le bonheur connu en leur compagnie.

Le lendemain, Raymond et Anne annoncent leur prochain mariage à la jeune fille, ce qui la réjouit : elle entrevoit enfin une vie équilibrée pour elle et son père. « Y avons-nous jamais cru ? » (p. 58), se demande Cécile, alors qu'ils font tous les trois des projets d'existence bien réglée. Elle s'étonne cependant que son père puisse abandonner sa vie de bohème si facilement.

Malheureusement, la situation change rapidement. En effet, Anne surprend Cécile et Cyril enlacés dans une pinède et interdit aux jeunes gens de se revoir. Désespérée, Cécile espère l'aide de son père, mais celui-ci se range à l'avis d'Anne. La jeune fille, pourtant consciente du bien que leur ferait Anne, refuse qu'elle et son père soient à sa merci. Elle juge à présent Anne froide et autoritaire. Elle met alors au point une stratégie visant à l'éloigner de son père. Elle décide également de déroger à l'interdiction faite par Anne et devient, avec bonheur, la maîtresse de Cyril.

Tout d'abord, Cécile change son mode de vie : elle passe de l'exubérance à l'introspection. Elle maigrit et ne travaille pas. Anne pense qu'elle est en train de se composer un personnage « cérébral et triste » (p. 74) qui ne correspond pas à sa nature. Elle et Raymond redoublent cependant d'attention pour la jeune fille, conscients que c'est le désespoir qui la pousse à cette comédie. Mais bientôt, Anne lui reproche à nouveau sa situation scolaire, ce qui ne plait pas du tout à Cécile.

Par la suite, Raymond tente de se rapprocher de sa fille, qui lui dit qu'elle finira par accepter Anne. Dérouté, il lui demande de ne pas renier pour autant leur vie commune passée, qu'il semble un peu regretter.

Quelque temps plus tard, Elsa, enfin hâlée et en pleine forme, vient chercher ses valises. Cécile, tout en se reprochant son machiavélisme, décide de la convaincre de reconquérir son père, en la persuadant de feindre un amour pour Cyril. Lorsque Raymond croise Cyril et Elsa ensemble, il réagit assez violemment. Remarquant que son plan fonctionne, la jeune fille décide de faire en sorte qu'Elsa rencontre son père, par hasard, au cours d'un diner. Lorsqu'il l'aperçoit, il est subjugué par sa beauté. Les amis de Raymond la croient amoureuse de Cyril, qui l'accompagne, ce qui énerve particulièrement le père de Cécile. Pourtant, une fois rentré, il affirme son amour à Anne.

La narratrice évoque son père, qu'elle juge matérialiste et dilettante, mais également bon et compréhensif. Il est de la race des nomades, dit-elle, et se consolerait surement de l'absence d'Anne, qu'il admire pourtant énormément et qu'il aime sans doute sincèrement. Mais elle veut récupérer son père. Elle laisse lentement pourrir la situation entre eux alors qu'il suffirait qu'elle éloigne Anne le temps que son père rejoigne Elsa pour une brève étreinte. Si Anne apprenait cette passade, elle comprendrait alors qu'elle aussi n'a été qu'une liaison passagère pour Raymond et romprait certainement.

C'est précisément ce qui se passe : Raymond et Elsa se retrouvent finalement au village. Cécile se sent dépassée par ce qu'elle a mis en branle. Elle est atterrée par la réaction d'Anne qui a surpris le couple et a fui la maison en voiture, décomposée. « Je compris brusquement que je m'étais attaquée à un être vivant et sensible et non pas à une entité », explique la jeune fille (p. 144). Plus tard, le père et la fille décident de convaincre Anne de revenir en lui présentant leurs excuses. Mais ils apprennent qu'elle vient de se tuer en voiture. Ce suicide déguisé en accident apparait à Cécile comme le dernier cadeau que leur a fait Anne, les dispensant ainsi de toute culpabilité. Elsa et Cyril lui semblent désormais inconsistants.

Après l'enterrement d'Anne à Paris, le père et la fille reprennent leur ancienne vie. Cécile a une nouvelle relation et Raymond une nouvelle maitresse. Mais la narratrice, se remémorant l'été passé, éprouve un sentiment nouveau « [qu'elle] accueille par son nom, les yeux fermés : Bonjour Tristesse » (p. 153), concluant ainsi le récit de cet épisode crucial de sa vie.

ÉTUDE DES PERSONNAGES

CÉCILE

À sa sortie du pensionnat, deux ans avant les vacances qu'elle nous raconte, Cécile découvre une nouvelle vie. La jeune fille de 17 ans vit avec son père et partage sa vie basée sur les plaisirs qu'offre l'argent. Cécile délaisse ses études pour mener sans complexe cette vie mondaine et légère qui lui plait. Bien qu'ayant échoué à son examen, elle pense passer des vacances reposantes, mais l'arrivée d'Anne va perturber ce moment de calme et remettre en cause son mode de vie.

La jeune fille va devoir agir et faire des choix, vis-à-vis de son père, de Cyril, son jeune amant qu'elle n'est pas sure d'aimer, et vis-à-vis d'Anne qu'elle admire mais qui l'inquiète. Cécile est face à un dilemme qui la conduit à agir de façon cruelle. Cet été sera l'été de tous les changements et elle rentrera dans la vie adulte profondément marquée par cet épisode.

RAYMOND

Le père de Cécile est le stéréotype du quadragénaire séduisant qui aime les plaisirs de la vie. Il travaille dans le monde de la publicité et est habitué aux cocktails, aux diners mondains dans lesquels il emmène sa fille. Si Cécile confesse aimer son père comme personne, Raymond a une complicité très étroite avec sa fille qui est la seule femme pour laquelle il éprouve des sentiments purs et sincères. Car Raymond est un coureur qui ne croit ni à la fidélité ni à l'engagement, et qui séduit les femmes, souvent plus jeunes, pour se rassurer vis-à-vis de sa personnalité et de son âge. Pourtant, quand Anne Larsen arrive dans sa vie, il est prêt à l'épouser...

Raymond semble heureux du tournant que prennent les évènements même s'il demande à Cécile de ne pas renier la vie qu'ils ont eue jusqu'alors. Mais Cécile ne voit pas ce changement de situation d'un bon œil et elle fait tout pour provoquer la jalousie de son père vis-à-vis d'Elsa et pour permettre à l'ancien couple de se rencontrer. Le besoin de séduction de Raymond s'avère plus fort que l'attrait d'une vie maritale : il trahit Anne. À sa mort, il est malheureux mais sa vie de séducteur reprend vite le dessus.

Raymond ne saura jamais que son écart de conduite et que la mort d'Anne sont imputables à sa fille. L'année suivante, Raymond, accompagné d'une nouvelle maitresse, et Cécile, accompagnée d'une nouvelle conquête, partiront passer leurs vacances dans une autre villa du Sud de la France.

ANNE

Anne Larsen a 42 ans et était une amie de la mère de Cécile. Elle représente la femme par excellence dans le roman : elle est décrite par la narratrice comme une femme très belle et sophistiquée. Lointaine, Anne est volontiers énigmatique. C'est une femme divorcée, mais on ne lui connait pas d'amant et pour cause : elle recherche une vie rangée basée sur le mariage.

Volontiers manipulatrice, Anne met à profit son intelligence et sa beauté pour séparer Raymond de sa jeune conquête et pour l'attirer vers elle. Quand cela est fait, les choses s'accélèrent, et elle propose de révolutionner la vie de Cécile et de son père. Mais la jeune fille, pourtant admirative de l'intelligence et de la personnalité d'Anne, imagine un plan machiavélique pour se débarrasser de cette femme dont l'orgueil menace son mode de vie et l'amour qui l'unit à son père. La réussite du plan de Cécile démontre à Anne qu'elle ne pourra changer ni Raymond ni Cécile, et que ces deux êtres veulent continuer à vivre leur vie basée sur la recherche du plaisir. Elle finit donc par partir. Quelques heures plus tard, Anne se tue. Les autorités parlent d'un accident, Cécile d'un suicide qu'Anne aurait déguisé pour les déculpabiliser elle et son père.

CYRIL

Six jours après son arrivée dans le Sud de la France, Cécile voit Cyril pour la première fois. C'est un jeune étudiant en droit qui passe ses vacances avec sa mère dans une villa proche de celle de la jeune fille. La narratrice trouve Cyril très beau avec son visage latin et ses cheveux très bruns et elle est séduite par l'aspect rassurant de ce jeune homme. Bientôt, les jeunes gens vivent une idylle. Cyril, comme Anne, est quelqu'un de raisonnable et il demande la main de Cécile. Mais Cyril est moins intelligent qu'Anne et il ne comprend pas que Cécile se sert de lui pour son plaisir personnel puis pour permettre l'exécution de son plan.

ELSA MACKENBOURG

Elsa est « une grande fille rousse, mi-créature, mi-mondaine,

[...] gentille, assez simple et sans prétentions sérieuses » (p. 12). Elle fait de la figuration dans les studios de cinéma, et Raymond souligne devant Anne sa sottise et sa superficialité.

Amoureuse de Raymond, pour lequel elle n'est pourtant qu'une maitresse passagère, elle préfère le quitter quand elle se sait trahie. Mais elle sert avec enthousiasme les projets de Cécile qui lui permettent de reconquérir son amant.

CLÉS DE LECTURE

UN ROMAN PSYCHOLOGIQUE

Le genre du roman psychologique est inauguré au XVIIe siècle par *La Princesse de Clèves* (1678) de Mme de Lafayette (femme de lettres française, 1634-1693), où les méandres de la passion éprouvée par l'héroïne pour le duc de Nemours, ses doutes et ses remords, constituent le sujet de l'œuvre. Fondé sur l'analyse psychologique, ce type de roman connait un nouvel essor à la fin du XIXe siècle, avec des romanciers tels que Henry James (écrivain anglais, 1843-1916), Virginia Woolf (romancière britannique, 1882-1941) ou encore Colette (écrivaine française, 1873-1954), qui cherchent à approcher au plus près la vie intérieure de leurs personnages, au détriment parfois de l'intrigue.

Le roman psychologique présente notamment les caractéristiques suivantes :

- utilisant le plus souvent le point de vue interne, il se propose de percer les secrets des comportements individuels en cernant au plus près les faits et les gestes, les paroles et les silences, les sentiments et les émotions, des personnages, pris individuellement ou dans leurs rapports avec les autres ;
- de plus, il décrit avec minutie l'évolution psychologique des protagonistes au cours du récit. Leurs états d'âme fluctuent, se transforment, et c'est cette mouvance psychologique qui est prise en compte par le romancier ;
- enfin, le choix fait par l'auteur de donner la priorité à

l'intériorité des personnages influe nécessairement sur le cadre spatiotemporel du récit qui, en quelque sorte, reflète l'état d'esprit des personnages.

Bonjour tristesse (dont le titre évoque d'ailleurs un état psychologique) s'apparente, par de nombreux aspects, à cette catégorie romanesque.

La construction psychologique

C'est au travers du « je » de la narratrice et de ses observations précises sur elle-même et son entourage que le lecteur prend connaissance de l'action et de ses enjeux. C'est à partir du point focal que représente le « moi » que se crée le réseau de personnages : de nombreux monologues intérieurs où la narratrice dissèque ses états d'âme, ses atermoiements et ses remords participent à la construction des autres personnages qui, réfractés dans son esprit, se dessinent peu à peu sous les yeux du lecteur et évoluent en fonction des émotions de Cécile. Le personnage d'Elsa, par exemple, d'abord présenté par cette dernière comme une jeune femme plutôt sotte et superficielle, se transforme sous l'effet des phases successives de réflexion par lesquelles passe la narratrice en une personne plus sensible qu'il n'y paraissait au départ.

Ainsi, autoanalyse et examen minutieux des autres se mêlent. Des types psychologiques (l'adolescente rebelle, le quadragénaire coureur de jupons, la femme de tête, la demi-mondaine) plus nuancés qu'il n'y parait à première vue se mettent en place à partir d'une intrigue somme toute assez banale : une fille jalouse veut garder pour elle seule son père qui lui échappe. Le personnage d'Anne, que Cécile met un certain temps à cerner en raison de sa complexité, montre particulièrement bien le travail psychologique effectué par l'adolescente pour parvenir à démêler les sentiments réels de cette femme. De même, ses propres réactions l'étonnent et la déstabilisent souvent : a-t-elle envie de poursuivre son ancienne vie ou de se ranger ? Éprouve-t-elle de la haine envers Anne ou du remords d'agir comme elle le fait à son égard ? Que représente au juste Cyril pour elle ?

La psychologie et l'action

Le récit prend alors des allures de labyrinthe où le lecteur suit Cécile dans les méandres de ses pensées confuses et tourmentées. De plus, ce sont elles qui donnent sa dynamique au récit davantage que les péripéties de l'action, qui ne fait que servir une finalité psychologique. Dans le roman de Françoise Sagan, ce n'est pas l'action qui motive les réactions psychologiques, mais l'inverse : c'est la psychologie des personnages, en particulier celle de la narratrice, qui met en branle les évènements. En effet, le roman débute par les réflexions de la narratrice qui affirme son tempérament porté aux regrets, à l'ennui et à la légèreté. C'est son malêtre intérieur, son amour œdipien pour son père, son incapacité fondamentale à faire des choix, ainsi que la connaissance subtile qu'elle a de la psychologie paternelle, qui orientent les évènements ultérieurs.

LA THÉÂTRALITÉ DANS *BONJOUR TRISTESSE*

Il est possible de rapprocher *Bonjour tristesse* de la tragédie. Ce genre prend ses origines dans la Grèce antique et plus spécifiquement au Ve siècle av. J.-C. À cette époque, la tragédie est une représentation théâtrale donnée pendant des fêtes organisées en l'honneur du dieu Dionysos. Douze siècles plus tard, on assiste à une renaissance de la tragédie en France avec des auteurs comme Corneille (1606-1684) ou Racine (1639-1699).

La tragédie obéit à certains codes. Aristote (philosophe grec, 384-322 av. J.-C.), dans *La Poétique*, est le premier à la théoriser. Dans cette étude, le philosophe insiste sur le fait que la tragédie représente des personnages agissant et que leurs actions déclenchent chez les spectateurs de la terreur et de la pitié. La tragédie se construit, chez lui, autour de trois parties : le prologue, l'épisode et l'exode. Mais au XVIIe siècle, la règle veut qu'une tragédie soit construite en cinq actes. Enfin la tragédie classique obéit à la règle des trois unités que Boileau (écrivain français, 1636-1711) résume ainsi : « Qu'en un jour, qu'en lieu, un seul fait accompli/ Tienne jusqu'à la fin le théâtre rempli. »

Une construction tragique

L'annonce même de l'arrivée d'Anne choque et inquiète Cécile et, dès ce moment, on comprend en tant que lecteur que ce personnage aura une utilité importante dans l'économie du récit. Quelques pages plus loin, il s'avère en effet qu'Anne est un élément perturbateur au bonheur de Cécile et par là même un élément déclencheur du plan machiavélique de l'héroïne.

Il est possible de voir dans ce schéma une construction similaire à la tragédie. Celle-ci débute par une phase d'exposition qui correspond au début du roman, quand Cécile parle du début de ses vacances. Vient ensuite l'élément perturbateur : Anne. Le troisième acte est consacré à la recherche d'une solution pacifique ; c'est le moment où Cécile s'interroge sur sa vie et sur l'apport d'Anne à celle-ci. Mais bientôt, Anne va enfermer Cécile dans sa chambre et cela va déclencher la fureur de l'héroïne qui met son plan à exécution ; cela correspond au quatrième acte qui présente le nœud de l'action. Enfin, Anne meurt, c'est le dénouement.

Un travail sur les unités

On relève également dans le roman de Sagan un travail sur les unités. Si l'on ne peut pas parler d'unité propre comme dans une tragédie, il convient tout de même de mettre au jour le travail réalisé sur celles-ci.

En premier lieu, la plus marquante et la plus logique, l'unité d'action. L'intrigue est toute entière tournée vers une action principale : l'exécution du plan pour séparer Anne et Raymond. Tout le reste est nécessaire à la réalisation de ce plan : Cécile se sert de Cyril bien plus qu'elle ne l'aime. En outre, on peut bien parler de théâtralité et plus encore d'éléments tragiques car Cécile est un personnage agissant, et son action fait naitre chez le lecteur la terreur vis-à-vis de son esprit machiavélique et la pitié vis-à-vis d'Anne. Si on ne peut pas vraiment parler d'unité de temps, il nous faut tout de même remarquer que la durée de l'intrigue est courte : une poignée de semaines. Enfin, les changements de lieu sont peu fréquents ; l'action se déroule majoritairement dans la villa et sur la terrasse, créant dès lors une sensation de huis clos propice à la tragédie.

Le complexe d'Œdipe

Enfin, une des thématiques principales du roman le rapproche encore de la tragédie. En effet si le complexe d'Œdipe a largement été repris et étudié par la psychanalyse au XXe siècle, ses origines remontent à la tragédie grecque. *Œdipe roi* est une tragédie de Sophocle (dramaturge grec, vers 495-406 av. J.-C.) qui met en scène Œdipe qui, après avoir tué son père, se marie avec sa mère.

Le complexe d'Œdipe est présent dans *Bonjour Tristesse*. <u>Cécile est obligée de séparer Anne et Raymond, car la profondeur de son amour pour son père, qui est en grande partie dû au mode de vie qu'il lui offre, ne peut se sauvegarder que dans une relation d'amour exclusif.</u> Anne fait peur à Cécile, car elle menace cet équilibre alors qu'Elsa est inoffensive, car c'est une passade. La fatalité doit frapper, comme dans les tragédies.

DE L'IMPORTANCE DES SYMBOLES

Bonjour Tristesse est un récit rétrospectif. Cécile, en tant que narratrice, se replonge dans le souvenir de ses vacances passées. Pour s'en rappeler, elle s'attache à des éléments particuliers qui l'ont marquée lors du déroulement de l'action comme une gravure de Venise vue à la clinique ou un coquillage. Pour nous lecteurs, ces objets sont des symboles à interpréter et s'ajoutent aux éléments naturels convoqués par l'auteure dans son roman.

Les éléments naturels

Le lieu dans lequel Cécile et son père passent les vacances peut paraitre banal étant donné leur niveau social, mais il est parlant à plusieurs titres. D'abord par la proximité de la mer ; la mer fait écho au personnage principal qui, sous des airs de calme relatif, n'en finit pas de s'agiter jusqu'à se déchainer. La couleur de la mer est aussi révélatrice de l'état d'esprit de Cécile. Au début du roman elle est transparente mais, alors qu'Anne se met en tenue de plage et est éblouissante par rapport à Elsa, la couleur de l'eau devient verte.

De la même façon, le soleil tient une place très importante dans le roman. D'abord, il souligne les qualités physiques d'Anne alors qu'il ne fait que meurtrir la peau d'Elsa. Ensuite, le soleil accable Cécile qui n'a pas le courage de résister aux avances de Cyril.

D'autre part, l'environnement qui encercle la villa a également son importance. La plage concentre toutes les attentions au début de l'intrigue, mais c'est la pinède qui permet la mise en place du plan et son déroulement. La plage, lieu de légèreté par excellence laisse donc place à une forêt de pins remarquables pour leurs aiguilles.

Les objets

Des objets marquants permettent à Cécile de se souvenir de ses vacances ; ceux-ci ont une valeur symbolique. Le coquillage pêché au fond de l'eau par l'héroïne est d'ailleurs remarquable. En effet, quand elle le ramasse, Raymond observe Anne sans écouter Elsa et fait glisser du sable entre ses doigts rappelant ainsi un sablier. Cela marque

que le temps file, que l'action est commencée et que rien ne pourra l'arrêter. La fatalité s'abattra donc. En outre, le coquillage représente la coquille vide, l'état dans lequel les personnages, et particulièrement Cécile, se trouvent à ce stade de l'intrigue. Plus tard, le coquillage l'a fera pleurer car elle a conscience que cette légèreté, ce vide d'être ne sont plus dans sa personnalité alors qu'elle a pris conscience des conséquences de ses actes.

Enfin, à la clinique, Cécile regarde une gravure représentant Venise alors que Raymond va voir le corps d'Anne. L'héroïne est confrontée à la violence de ses actes car elle a empêché l'amour que représente cette image. De la même façon, elle se rend bientôt compte qu'elle n'aime pas Cyril.

UN ROMAN TEINTÉ D'EXISTENTIALISME

Si *Bonjour tristesse* ne peut être considéré comme une application directe des thèses du courant existentialiste – dont le chef de file est Jean-Paul Sartre (1905-1980) –, Françoise Sagan, fascinée par la lecture de *La Nausée* (1938), avait forcément connaissance de la pensée du philosophe, figure intellectuelle majeure des années cinquante. Elle l'a d'ailleurs rencontré à plusieurs reprises, et force est de constater que certains aspects de ses romans, notamment *Bonjour tristesse*, se rattachent aux thèmes majeurs de l'existentialisme.

En 1943, Sartre fait paraître *L'Être et le Néant*, dans lequel il affirme la solitude existentielle de l'homme, livré à lui-même, sans aucune aide extérieure (comme par exemple le recours à la religion), et dont l'existence est marquée par la contingence et l'absence de sens. Cette solitude apparait dans *Bonjour tristesse*. Cécile, livrée à elle-même, nonchalante et paresseuse, masque la vacuité de sa vie en menant une existence légère et trépidante avec son père ou en tombant au contraire dans un état quasi dépressif : « Je ne faisais que dormir sur la plage et, aux repas, je gardais malgré moi un silence anxieux. » (p. 72) Son seul point d'ancrage est le corps, célébré et magnifié dans le roman, où la sexualité tient une place importante.

Selon Sartre, l'homme est totalement libre de donner à son existence le sens qu'il souhaite – son destin est entre ses mains – et, par conséquent, il est responsable de ses choix. La jeune narratrice illustre bien cette liberté totale dont il s'agit d'user à bon escient. Cécile fait en effet l'expérience de cette faculté fondamentale, mais ses choix sont souvent contradictoires et changeants : elle ne sait si elle souhaite se plier à la vision de la vie d'Anne ou poursuivre son existence dissolue avec son père, ou encore épouser Cyril. Complètement livrée à elle-même, l'adolescente, face aux possibilités exaltantes et terrifiantes qui s'offrent à elle, n'est pas capable de maitriser ses choix. Elle se rend compte trop tard des conséquences tragiques qui peuvent en découler, lorsqu'à la fin du roman, Anne meurt brusquement, ce qui la ramène au vide de sa propre existence, à l'absurdité de sa vie.

LA RÉCEPTION DE L'ŒUVRE

Françoise Quoirez a 18 ans quand elle présente un manuscrit à des éditeurs. Elle ignore encore que l'un d'eux changera radicalement sa vie. En effet, René Julliard (éditeur français, 1900-1962) lit son manuscrit dans la nuit et appelle l'appartement de l'auteure pour fixer un rendez-vous dès le lendemain.

Quelques mois plus tard, on trouve en librairie un ouvrage intitulé *Bonjour tristesse* signé Françoise Sagan avec un bandeau sur lequel on peut lire « Le diable au cœur ». Les critiques littéraires s'emparent de l'ouvrage. Le succès est au rendez-vous. Le scandale aussi. Car certaines thématiques abordées dans le roman choquent la France bourgeoise et conservatrice de l'après-guerre.

La place des femmes dans le roman

Deux distinctions littéraires font la part belle aux femmes en cette année 1954. Françoise Sagan reçoit le prix des critiques, et Simone de Beauvoir (1908-1986) le prix Goncourt pour *Les Mandarins*. Si ces deux auteurs sont différentes, elles partagent un combat commun : l'émancipation de la femme.

Les femmes sont omniprésentes dans *Bonjour tristesse*. Ce sont des femmes libres qui vivent leur vie comme elles l'entendent, qui s'assument en toute franchise. Une seule déroge à cette règle, la mère de Cyril, qui s'est toujours effacée devant son mari, qui a vécu à ses dépens et que la narratrice n'hésite pas à insulter de « pute » dans le roman. Anne est, quant à elle, une femme intelligente et pleine d'assurance, tandis qu'Elsa est une femme qui assume son statut de demi-mondaine.

Enfin, on retrouve des traits de l'auteure derrière le personnage principal. En effet, Cécile est une jeune fille qui aime sortir, vivre légèrement. Elle est une représentation de la jeunesse d'après-guerre qui a grandi pendant la Seconde Guerre mondiale (1939-1945) et qui veut profiter de la vie.

Une sexualité jugée irresponsable

Si les femmes sont très bien représentées, leur sexualité est aussi mise en avant dans le roman. C'est une des thématiques principales de l'œuvre ; c'est d'ailleurs cette liberté de ton qui a créé le scandale. En effet, le sexe est omniprésent dans le roman et bien que ce ne soit jamais vulgaire, les termes utilisés sont souvent crus et précis. Cécile n'hésite pas à décrire l'expression d'Anne quand elle se lève après une nuit d'amour avec Raymond. De la même façon, Cécile plaisante sur la sieste que font Raymond et Elsa en début de roman et qui n'a rien de reposant selon elle. De plus, la liberté sexuelle de Raymond n'est pas traitée de façon négative ; bien au contraire puisque Cécile veut préserver son mode de vie. Enfin, l'aspect le plus scandaleux est le comportement de Cécile. La jeune fille fait l'amour avec Cyril à plusieurs reprises et elle profite de ce moment en se déresponsabilisant... Elle ne tombe pas enceinte. Elle n'est donc pas punie par là où elle a péché et elle évite l'humiliation d'être fille mère dans la France des années cinquante. C'est cette banalisation de l'acte sexuel qui a fait de ce roman une œuvre jugée sulfureuse.

Le machiavélisme

Le sexe participe à l'immoralité du roman tout entier. Et

cette immoralité se retrouve dans le plan que Cécile met à exécution pour évincer Anne de sa vie et de la vie de son père. On peut parler de machiavélisme dans cette œuvre. Héritée de la pensée du philosophe Machiavel (philosophe italien, 1469-1527), le machiavélisme est une doctrine qui enseigne l'exercice du pouvoir politique sans borne morale, sans scrupules et cela sous-entend la ruse, la perfidie.

La morale n'a pas la part belle dans *Bonjour tristesse*, et tout ce qui pourrait permettre aux lecteurs de s'attacher à l'héroïne, comme le décès prématuré de sa mère, est traité sans le moindre pathos. En outre, si Cécile n'exerce pas un pouvoir politique à proprement parler, son plan consiste à sauvegarder le pouvoir qu'elle a sur Raymond en étant la seule femme avec laquelle une séparation est impossible. Pour mener cela à bien, Cécile louvoie mais finit par faire exécuter son plan et ne suit pas les codes moraux de la société.

Avec ce roman, Françoise Sagan débute une carrière d'écrivaine, et ce succès n'est que le premier d'une longue série. Le style de ce roman simple et puissant avec une narration à la première personne du singulier et la recherche du mot juste fait d'elle une auteure saluée par la critique. La liberté de ton, l'audace des thématiques, fait de l'écrivaine la porte-parole de toute une génération. Elle aura marqué cette génération aussi bien grâce à ses livres qui revendiquaient l'amour et la liberté des individus dans la recherche du plaisir, qu'à cause de sa vie personnelle qui fit souvent la une des journaux. Cette auteure méritait donc tout à fait le surnom que François Mauriac (écrivain français, 1885-1970) lui donna, « charmant petit monstre ».

PISTES DE RÉFLEXION

QUELQUES QUESTIONS POUR APPROFONDIR SA RÉFLEXION...

- Trois femmes sont au centre de *Bonjour tristesse*. Dressez le portrait de chacune d'elle et dites en quoi elles s'opposent ou se ressemblent.
- Détaillez les spécificités du cadre spatiotemporel du roman. À quel autre genre littéraire peut-il apparenter le récit ?
- Pour quelles raisons, selon vous, le texte de Sagan peut-il être qualifié de roman psychologique ?
- Qu'est-ce qui différencie les deux personnages masculins, Raymond et Cyril ? Quels rapports entretiennent-ils entre eux et comment apparaissent-ils face aux personnages féminins ?
- L'attitude de Cécile peut-elle être qualifiée de machiavélique ? Justifiez votre point de vue.
- Pourquoi, selon vous, le roman de Sagan a-t-il pu être considéré comme immoral dans le contexte des années cinquante ?
- Si ce roman était publié de nos jours, pensez-vous qu'il choquerait autant ? Argumentez votre réponse.
- En quoi *Bonjour tristesse* constitue-t-il une rupture avec le genre romanesque traditionnel (trame, action, personnages) ?
- Dans quelle mesure les symboles véhiculent-ils le ressenti de Cécile ? Trouver des objets à valeur symbolique dans le roman et analysez-les.
- Cécile évolue tout au long du roman. En est-il de même

des autres personnages ou sont-ils seulement des stéréotypes ? Argumentez votre réponse.

Votre avis nous intéresse !
Laissez un commentaire sur le site de votre librairie en ligne
et partagez vos coups de cœur sur les réseaux sociaux !

POUR ALLER PLUS LOIN

ÉDITION DE RÉFÉRENCE

- Sagan F., *Bonjour tristesse*, Paris, Pocket, 2008.

ÉTUDES DE RÉFÉRENCE

- Aristote, *La Poétique*, Paris, Le Livre de Poche, 1990.
- Moll G., Françoise Sagan, Paris, La Martinière, 2010.

ADAPTATIONS CINÉMATOGRAPHIQUES

- *Bonjour Tristesse*, film d'Otto Preminger, avec Deborah Kerr, David Niven et Jean Seberg, États-Unis, 1958.
- *Bonjour Tristesse*, téléfilm de François Chatel, avec Anne Vernon, Michel Auclair et Élisabeth Ercy, France, 1965.
- *Bonjour Tristesse*, téléfilm de Peter Kassovitz, avec Christine Boisson, François Marthouret et Sarah Bertrand, France, 1995.

L'éditeur veille à la fiabilité des informations publiées, lesquelles ne pourraient toutefois engager sa responsabilité.

© LePetitLittéraire.fr, 2016. Tous droits réservés.

www.lepetitlitteraire.fr/

ISBN version numérique : 978-2-8062-5148-0
ISBN version papier : 978-2-8062-5192-3
Dépôt légal : D/2013/12603/100

Avec la collaboration de Pierre-Maximilien Jenoudet pour l'analyse des personnages de Cécile, Raymond, Anne et de Cyril, pour le complément d'information « Une œuvre jugée scandaleuse » ainsi que les chapitres « La théâtralité dans *Bonjour tristesse* », « De l'importance des symboles », « La place des femmes dans *Bonjour tristesse* », « Une sexualité jugée irresponsable » et « Le machiavélisme ».

Conception numérique : Primento,
le partenaire numérique des éditeurs.

FÉDÉRATION WALLONIE-BRUXELLES

Ce titre a été réalisé avec le soutien de la Fédération Wallonie-Bruxelles, Service général des Lettres et du Livre.

Retrouvez notre offre complète sur lePetitLittéraire.fr

- des fiches de lectures
- des commentaires littéraires
- des questionnaires de lecture
- des résumés

ANOUILH
- Antigone

AUSTEN
- Orgueil et Préjugés

BALZAC
- Eugénie Grandet
- Le Père Goriot
- Illusions perdues

BARJAVEL
- La Nuit des temps

BEAUMARCHAIS
- Le Mariage de Figaro

BECKETT
- En attendant Godot

BRETON
- Nadja

CAMUS
- La Peste
- Les Justes
- L'Étranger

CARRÈRE
- Limonov

CÉLINE
- Voyage au bout de la nuit

CERVANTÈS
- Don Quichotte de la Manche

CHATEAUBRIAND
- Mémoires d'outre-tombe

CHODERLOS DE LACLOS
- Les Liaisons dangereuses

CHRÉTIEN DE TROYES
- Yvain ou le Chevalier au lion

CHRISTIE
- Dix Petits Nègres

CLAUDEL
- La Petite Fille de Monsieur Linh
- Le Rapport de Brodeck

COELHO
- L'Alchimiste

CONAN DOYLE
- Le Chien des Baskerville

DAI SIJIE
- Balzac et la Petite Tailleuse chinoise

DE GAULLE
- Mémoires de guerre III. Le Salut. 1944-1946

DE VIGAN
- No et moi

DICKER
- La Vérité sur l'affaire Harry Quebert

DIDEROT
- Supplément au Voyage de Bougainville

DUMAS
- Les Trois Mousquetaires

ÉNARD
- Parlez-leur de batailles, de rois et d'éléphants

FERRARI
- Le Sermon sur la chute de Rome

FLAUBERT
- Madame Bovary

FRANK
- Journal d'Anne Frank

FRED VARGAS
- Pars vite et reviens tard

GARY
- La Vie devant soi

GAUDÉ
- La Mort du roi Tsongor
- Le Soleil des Scorta

GAUTIER
- La Morte amoureuse
- Le Capitaine Fracasse

GAVALDA
- 35 kilos d'espoir

GIDE
- Les Faux-Monnayeurs

GIONO
- Le Grand Troupeau
- Le Hussard sur le toit

GIRAUDOUX
- La guerre de Troie n'aura pas lieu

GOLDING
- Sa Majesté des Mouches

GRIMBERT
- Un secret

HEMINGWAY
- Le Vieil Homme et la Mer

HESSEL
- Indignez-vous !

HOMÈRE
- L'Odyssée

HUGO
- Le Dernier Jour d'un condamné
- Les Misérables
- Notre-Dame de Paris

HUXLEY
- Le Meilleur des mondes

IONESCO
- Rhinocéros
- La Cantatrice chauve

JARY
- Ubu roi

JENNI
- L'Art français de la guerre

JOFFO
- Un sac de billes

KAFKA
- La Métamorphose

KEROUAC
- Sur la route

KESSEL
- Le Lion

LARSSON
- Millenium I. Les hommes qui n'aimaient pas les femmes

LE CLÉZIO
- Mondo

LEVI
- Si c'est un homme

LEVY
- Et si c'était vrai...

MAALOUF
- Léon l'Africain

MALRAUX
- La Condition humaine

MARIVAUX
- La Double Inconstance
- Le Jeu de l'amour et du hasard

MARTINEZ
- Du domaine des murmures

MAUPASSANT
- Boule de suif
- Le Horla
- Une vie

MAURIAC
- Le Nœud de vipères

MAURIAC
- Le Sagouin

MÉRIMÉE
- Tamango
- Colomba

MERLE
- La mort est mon métier

MOLIÈRE
- Le Misanthrope
- L'Avare
- Le Bourgeois gentilhomme

MONTAIGNE
- Essais

MORPURGO
- Le Roi Arthur

MUSSET
- Lorenzaccio

MUSSO
- Que serais-je sans toi ?

NOTHOMB
- Stupeur et Tremblements

ORWELL
- La Ferme des animaux
- 1984

PAGNOL
- La Gloire de mon père

PANCOL
- Les Yeux jaunes des crocodiles

PASCAL
- Pensées

PENNAC
- Au bonheur des ogres

POE
- La Chute de la maison Usher

PROUST
- Du côté de chez Swann

QUENEAU
- Zazie dans le métro

QUIGNARD
- Tous les matins du monde

RABELAIS
- Gargantua

RACINE
- Andromaque
- Britannicus
- Phèdre

ROUSSEAU
- Confessions

ROSTAND
- Cyrano de Bergerac

ROWLING
- Harry Potter à l'école des sorciers

SAINT-EXUPÉRY
- Le Petit Prince
- Vol de nuit

SARTRE
- Huis clos
- La Nausée
- Les Mouches

SCHLINK
- Le Liseur

SCHMITT
- La Part de l'autre
- Oscar et la Dame rose

SEPULVEDA
- Le Vieux qui lisait des romans d'amour

SHAKESPEARE
- Roméo et Juliette

SIMENON
- Le Chien jaune

STEEMAN
- L'Assassin habite au 21

STEINBECK
- Des souris et des hommes

STENDHAL
- Le Rouge et le Noir

STEVENSON
- L'Île au trésor

SÜSKIND
- Le Parfum

TOLSTOÏ
- Anna Karénine

TOURNIER
- Vendredi ou la Vie sauvage

TOUSSAINT
- Fuir

UHLMAN
- L'Ami retrouvé

VERNE
- Le Tour du monde en 80 jours
- Vingt mille lieues sous les mers
- Voyage au centre de la terre

VIAN
- L'Écume des jours

VOLTAIRE
- Candide

WELLS
- La Guerre des mondes

YOURCENAR
- Mémoires d'Hadrien

ZOLA
- Au bonheur des dames
- L'Assommoir
- Germinal

ZWEIG
- Le Joueur d'échecs

Printed in Great Britain
by Amazon